AF324487

ADÈLE DE PONTHIEU,

TRAGÉDIE-LYRIQUE EN TROIS ACTES,

Remife en Mufique par M. PICCINI;

REPRÉSENTÉE POUR LA PREMIERE FOIS,

A la Nouvelle SALLE de la Porte Saint Martin,

PAR L'ACADÉMIE-ROYALE DE MUSIQUE,

Le Samedi 27 Octobre 1781.

PRIX XXX SOLS.

A PARIS,

De l'Imprimerie de P. DE LORMEL, Imprimeur de ladite Académie,
rue du Foin Saint-Jacques, à l'Image de Sainte Genevieve.

On trouvera des Exemplaires à la Salle de l'Opéra.

M. DCC. LXXXI.

Le Poëme de M. * * *

La Musique de M. PICCINI.

LES grands changemens faits à cet Ouvrage par le desir de mériter le suffrage dont le Public l'a honoré, exigeant une nouvelle Musique, & les Auteurs de l'ancienne n'ayant pas voulu travailler davantage pour le Théâtre, Monsieur PICCINI, de leur aveu, & même encouragé par eux, a paru se charger avec plaisir de les remplacer.

ACTEURS ET ACTRICES
CHANTANS DANS LES CHŒURS.

CÔTÉ DE LA REINE.		CÔTÉ DU ROI.	
Mesdemoiselles.	*Messieurs.*	*Mesdemoiselles.*	*Messieurs.*
Thaunat.	Candeille.	Dubuisson.	Peré.
d'Hauterive.	Larlat.	Girardin, 1.	Le Grand.
des Rosières.	Capoi.	Rosalie.	Poussez.
Veron.	Rey.	Garrus.	Tourillon.
Dumoutier.	Degental.	Rouxelin.	Haran.
Gavaudan.c.	Méon.	Sanctus.	Le Vasseur.
Eugenie.	Baillon.	Prieur.	Cavaillhés.
Josephine.	Tacusset.	Charmoy.	Moulin.
La Maniere.	Cleret.	Des Lions.	Itasse.
Fel.	de Lori.	Leclerc.	Jalaguier.
De Raix.	Fagnan.	Le Bœuf.	Huet.
	Joinville.	Desportes.	Bouvard.
	Martin.		Jouve.
			Blery.

A ij

A C T E U R S.

GUILLAUME III. *Comte de Ponthieu,* — M. l'Arrivée.

ADELE, *Fille du Comte,* — Mlle. la Guerre.

ALPHONSE D'EST, *Chevalier Italien,* — M. Moreau.

RAIMOND DE MAYENNE, *parent du Comte, & simple Ecuyer,* — M. le Gros.

GÉRARD D'ALZACE,
ENGUERRAND DE COUCI,
RENAUD DE SARCUS, *vieux Chevaliers, du Juges du Camp,* — Mrs. Cheron, Cavalies, Chardiny.

CHEVALIERS,
COUR DU COMTE.

UNE DAME DE LA COUR,
UNE TROUBADOUR, — Mlle. Gavaudan.

DAMES DE LA COUR, — Mlles. Girardin, l. Thaunat, Rosalie, Ancé.

ÉCUYERS.
PAGES.
ROI D'ARMES.
HÉRAUTS.
OFFICIERS DES LICES.
MÉNÉTRIERS.
JONGLEURS,
JEUNES GARÇONS
JEUNES FILLES — *du Peuple.*
PEUPLE.

La Scêne est à Abbeville.

PERSONNAGES DANSANTS.

ACTE PREMIER.

CHEVALIERS.

M^{rs}. LOUIS, ABRAHAM.

DAMES.

Mlles. COULON, GRENIER.

Jeunes GARÇONS *& jeunes* FILLES *du Peuple qui font mariés.*

M. FRÉDÉRIC, Mlle. DORIVAL.

M. BLACHE, Mlle. GERVAIS.

M^{rs}. Cafter, Barré, Henry, Doucet, Guillet, c. Largilliere, Blondin, Duffel.

Mlles. Bernard, Thifte, Prud'homme, Simon, Courtois, l., Henriette, Darci, Deperefse.

ACTE SECOND.

DAMES de la Cour.

Mlle. DORLAY.

Mlles. GRENIER, COULON.

Mlles. Bigotini, Augufte, Courtois, c., Puifieux, Camille, Thiery, la Croix. Simon, Delifle, Gibaffier, Ste Opportune, Dancourt.

ACTE TROISIEME.

ÉCUYERS.

M. FAVRE.

M^rs. LE DOUX, LOUIS, LE BRETON.

M^rs. Joly, Coindé, Clerget, Delahaye, Hennequin, l. le Bel, Desbordes, Pladix.

DAMES de la Cour.

Mlle. DORLAY.

Mlles. GRENIER, COULON.

Mlles. Bigotini, Auguste, Courtois, c., Puisieux, Thiery, Camille, Ste Opportune, Dancourt.

TROUBADOURS.

M. VESTRIS, f. Mlle. GUIMARD.

Mlle. DELIGNY.

M^rs. Caster, Barré, Henry, Doucet.

Mlles. Bernard, Prud'homme, Thiste, Seville.

JONGLEURS & JONGLEUSES.

M. LEFEVRE. Mlle. PESLIN.

M^rs. Guillet, c., Mondin, Largilliere, Duffel.

Mlles. Henriette, la Croix, Courtois, l., Darcy.

ADÈLE DE PONTHIEU,

TRAGÉDIE-LYRIQUE.

ACTE PREMIER.

Le théâtre représente un Jardin terminé par deux terrasses. On y voit ADÈLE *sur un banc de gazon dans une attitude douloureuse.*

SCÈNE PREMIERE.

ADELE DE PONTHIEU.

ON me ravit à ce que j'aime !
On me contraint à promettre ma foi !
Sans pitié pour mes pleurs, mon trouble, & mon
    effroi,
C'est un pere adoré qui m'immole lui-même !

(Elle se léve & s'avance sur le devant de la Scène.)

Comment renoncer, en ce jour,
A mon amant, à mon amour ?
Je vais sous de fatales chaînes
Eprouver les rigueurs du Sort.
Je vais donc attendre la mort
Entre les regrets & les peines.
Comment renoncer, en ce jour,
A mon amant, à mon amour ?

Disparois, avenir funeste ;
Laisse un voile épais sur mes yeux.
Soutiens, Honneur impérieux,
Le peu de force qui me reste.
Je dois renoncer, en ce jour,
A mon amant, à mon amour.

SCÈNE

SCÈNE II.

ADÈLE, RAIMOND DE MAYENNE.

RAIMOND.

AH ! je vous perds, charmante Adèle !

ADÈLE.

Venez-vous ajouter encore à mes malheurs
Le spectacle de vos douleurs ?

RAIMOND.

Pardonnez aux transports d'une douleur nouvelle.
Alphonse vous enchaîne aujourd'hui sous ses lois ;
Il arrive, & ce jour va combler ma misère.

ADÈLE.

Un Etranger paroît, fier de quelques exploits,
Jaloux sans songer à me plaire,
Trop vain pour consulter mon choix,
Et c'est à vous, Raimond, à vous qu'on le préfere !
O trop cruel destin ! ô fatal avenir !

RAIMOND.

Un autre va donc obtenir
Cette main que l'amour me rend toujours plus chere,
Que me refusa votre pere !

B

Sa haîne pour le mien a dicté fes refus ;
Mais nos feux mutuels ne lui font pas connus.
Si vous aviez voulu par un aveu fincere…

ADÈLE.

J'aurois encor fur vous attiré fa colere.

RAIMOND.

Peut-être que vos yeux l'auroient vu s'attendrir.

ADÈLE.

Vous ne l'efpérez pas, & je ne puis le croire.

RAIMOND.

Il faut donc m'immoler pour vous, pour votre gloire,
Et je vais, loin de vous, foupirer & mourir.

ADÈLE.

Ne vous refte-t-il pas des devoirs à remplir ?

Allez fervir mon efpérance ;
L'amour vous en prefcrit la loi.
Vous deviez vos jours à la France
Avant que de vivre pour moi.
La Gloire aux combats vous appelle ;
Cueillez la palme des Guerriers.
Ma douleur fera moins cruelle,
Quand je compterai vos lauriers.

RAIMOND.

Quel mélange enchanteur de force & de tendreffe !
Quelle Amante je perds ! mais, quand l'amour m'en
   preffe,
Je dois vivre & mourir digne de votre cœur.

   J'entends la plaintive Syrie,
Et le jeune Louis appeler ma valeur.
   Aux derniers momens de ma vie,
Mes pleurs feront pour vous, mes vœux pour la Patrie;
   J'aurai fatisfait à l'Honneur.

ADÈLE.

Daigne le Ciel, qui foutient mon courage,
Vous fauver des périls où ma voix vous engage !
Mais fongez qu'aujourd'hui le devoir rigoureux
Impofe à notre amour un éternel filence.

RAIMOND.

Songez que c'eft l'inftant de nos derniers adieux.

ADÈLE.

Que n'eft-il le témoin de votre indifférence !
   Mon cœur feroit moins malheureux.

RAIMOND.

   Rien n'affoiblira ma conftance ;
   Non rien ; ni le tems, ni l'abfence,

Ni même votre oubli, si je l'éprouve un jour.
Par-tout mes soupirs & mes larmes
Diront le pouvoir de vos charmes.
L'amant qui peut changer n'a point connu l'amour.

ADÈLE.

On vient. C'est mon tyran. O funeste retour !

SCÈNE III.

ADÈLE, RAIMOND, LE COMTE DE PONTHIEU, ALPHONSE D'EST, COUR DU COMTE.

(*Le Comte de PONTHIEU, & ALPHONSE, précédés de la Cour, arrivent par un côté du théâtre.*)

LE *COMTE, présentant ALPHONSE à ADÈLE.*

MA fille, il faut hâter le bonheur où j'aspire.
Alphonse doit se voir aujourd'hui votre époux,
Et ma Cour vient auprès de vous
Signaler des transports que votre hymen inspire.

ALPHONSE, à ADÈLE.

Puissiez-vous remplir mon espoir,
Et partager l'amour dont je sens la puissance !

ADÈLE.

Comptez fur mon obéiffance ;
Je connois les loix du devoir.

QUATUOR.

LE COMTE, ALPHONSE.

Le fort couronne ${}^{\text{votre}}_{\text{mon}}$ attente.

Quel bien pour un cœur amoureux !
Qu'il eft doux de former les nœuds
D'une félicité conftante !

*RAIMOND, à part, & du côté du théâtre oppofé
à celui où eft la Princeffe.*

Il n'eft plus d'efpoir pour mes vœux.

ADÈLE, à part.

Combien l'avenir m'épouvante !

LE COMTE, ALPHONSE.

O jour heureux !

ADÈLE, RAIMOND.

O jour affreux !

LE COMTE, ALPHONSE.

Tout fatisfait mon envie
Dans ce fortuné moment.

ADÈLE.

O Ciel, termine ma vie !

RAIMOND.

O Mort, finis mon tourment !

LE CHŒUR.

Amour, que ces époux sont dignes de ta chaîne !
L'un fut toujours paré du laurier des vainqueurs ;
L'autre se soumet tous les cœurs,
Ou les enchante & les entraîne.

*(On entend l'annonce des jeunes gens du Peuple,
mariés à l'occasion du mariage d'ADÈLE.)*

LE COMTE, à ADÈLE.

Mais voici ces amans qu'unissent pour jamais
Le jour de votre hymen & notre antique usage.
Cette félicité dont ils vous font hommage
Vous engage envers eux à de nouveaux bienfaits.

Nota. Seroit-il nécessaire de rappeler que, dans les jours de la Che-
valerie, les Grands, lorsqu'ils se marioient, regardoient comme un
de leurs premiers devoirs, le soin de marier, en même-tems, quel-
ques-uns de leurs Sujets, ou de leurs Vassaux ?

SCÈNE IV.

LES ACTEURS PRÉCÉDENS.

DEUX CHEVALIERS, *trois* DAMES, *jeunes*
GARÇONS, *& jeunes* FILLES *du* PEUPLE.

*(Les jeunes gens du Peuple arrivent par les deux
terrasses, & sont conduits par les Chevaliers &
les Dames, nommés pour présider à leur union.)*

Une jeune FILLE, & LE CHŒUR.

Honorons la charmante Adèle.
Heureux l'époux qui s'unit avec elle !
Célébrons notre Prince, & chantons ses faveurs.
Il veut que l'Hymen nous unisse.
Nous aimions sa justice ;
Adorons sa bonté qui rend heureux nos cœurs.

*(Les jeunes Gens du Peuple rendent hommage à
la Princesse.)*

UNE *DAME, aux jeunes gens du Peuple.*
Profitez de votre jeunesse ;
Aimez, aimez, jeunes amans.
Le plaisir vous cherche, & vous presse
De rendre vos jours plus charmans.

On ne voit point de fleurs éclofes
D'un nouvel éclat s'animer.
Il n'eft qu'un moment pour les rofes ;
Il en eft bien peu pour aimer.

(*Un Chevalier & une Dame uniffent chaque Amant
à l'objet de fa tendreffe.*)

LE COMTE, *à* ALPHONSE, *qui eft auprès
d'*ADÉLE.

Mon fils, confentez à fufpendre
Vos plaifirs & vos tendres foins.
Quelques momens vont vous y rendre ;
Je veux vous parler fans témoins.

(*Aux Dames.*)

Suivez, jeunes Beautés, le penchant de votre âge ;
Je vous invite aux jeux que je fais préparer.
Quelles fêtes, fans vous, pourroit-on célébrer ?
C'eft à vous qu'on en doit l'hommage,
Et c'eft à vous à les parer.

(*Il fort avec Alphonfe par le fond du théâtre.*)

(*Danfe par laquelle les jeunes gens du Peuple
prennent congé d'Adèle.*)

LE CHŒUR.

Volons ; le plaisir nous appelle.
Que ses dons nous sont précieux !
Tout va retracer dans nos jeux
Notre bonheur, ou notre zèle.

(*La Cour & les jeunes Gens du Peuple sortent.*)

SCÈNE V.

ADÈLE, RAIMOND.

RAIMOND.

C'En est donc fait !

ADÈLE.

Cédons sans murmurer.

RAIMOND.

Que vais-je devenir ?

ADÈLE.

Il faut nous séparer.

RAIMOND.

Nous séparer ! Faut-il que je vous abandonne
Aux douleurs, aux tourmens qui menacent vos jours !

ADÈLE.

Éloignez-vous, Raimond ; ma gloire vous l'ordonne.
Fuyez loin de ces lieux ; fuyez-moi pour toujours.

C

D u o.

R A I M O N D.

Quoi ! vous m'ordonnez, inhumaine,
De fuir, & pour ne plus vous voir !

A D È L E.

Ah ! Douteriez-vous de ma peine,
Lorſque je m'immole au devoir ?

R A I M O N D.

Devoir cruel, impitoyable !

A D È L E.

Cédons au Sort qui nous accable.

R A I M O N D.

Quel moment affreux pour mon cœur !

A D È L E.

C'eſt pour jamais qu'il nous ſépare.

E N S E M B L E.

Déſormais, ô Deſtin barbare !
Il n'eſt plus pour moi de bonheur.

A D È L E.

Allez ſur les pas de la Gloire,
Pour charmer vos douleurs, triompher chaque jour.

R A I M O N D.

Que m'importera la victoire,
Si je ne puis offrir ſes lauriers à l'amour ?

ADÈLE.

Adieu ; ſuivez la Gloire, & ſoyez lui fidèle.

RAIMOND.

Adieu.

ADÈLE.

N'oubliez pas la malheureuſe Adèle.

(*RAIMOND tombe aux pieds de la Princeſſe, & baiſe une de ſes mains. Dans ce moment, qui eſt ſuivi de leur ſéparation précipitée par les deux côtés du théâtre, ALPHONSE ſe montre ſur la terraſſe la plus éloignée, & du côté par lequel ſort RAIMOND qu'il ne peut voir en face.*

SCÉNE VI.

ALPHONSE, ſur la terraſſe la plus élevée, & après un inſtant d'anéantiſſement qui a ſuivi les divers mouvemens de ſurpriſe & de fureur, que l'action précédente lui a fait éprouver.

QUELLE honte pour moi ! Dois-je en croire mes yeux ?

(*Il deſcend les terraſſes avec rapidité, & jette des regards furieux vers les deux côtés du théâtre par où la PRINCESSE & RAIMOND viennent de ſortir.*)

C ij

Il m'évite ! elle fuit ! & j'ai vu mon injure !
 Mais quel mortel audacieux
 Etoit aux pieds de la parjure ?
 Oui, je les punirai tous deux.
 Perdons l'ingrate qui m'offenſe ,
Qui trahit mon amour trop juſtement jaloux.
Toi, rival odieux, redoute ma vengeance.
Elle ſaura bientôt où diriger ſes coups.

 Suivons le tranſport qui m'entraine ;
 La pitié parleroit envain.
 L'amour trahi n'écoute que la haine.
 Comme elle, il doit être inhumain.

(*Il ſort du côté par lequel* ADÈLE *s'eſt éloignée.*)

FIN DU PREMIER ACTE.

ACTE SECOND.

*Le théâtre représente une Galerie ornée de portraits
de Chevaliers armés. La Porte du fond de la Galerie
est celle de l'Appartement du Comte de Ponthieu.
Une des Portes latérales est celle de l'Appartement
d'ADÈLE.*

SCÈNE PREMIERE.

LE COMTE, ADÈLE.

LE COMTE,

Oui, je vais succomber à ma douleur mortelle ;
Oui, l'implacable Alphonse a juré devant moi
Que vous aviez trahi ses feux & votre foi,
      Qu'enfin vous étiez criminelle
Envers le Ciel, l'Honneur & lui.

ADÈLE.

                              Le croiriez-vous ?
Raimond… Voilà l'objet de ce transport jaloux.
Il étoit à mes pieds ; je n'en fais point mystere.
Déjà prêt à quitter ces lieux

Pour voler aux dangers d'un guerre étrangere ,
Raimond s'éloignoit de mes yeux.

Alphonse qui nous voit, s'avance , fuit mes traces ,
Et, toûjours plus aigri , toujours plus emporté ,
Va faire succéder les effets aux menaces
Aux dépens de ma gloire & de la vérité.
Mon cœur vous fut soumis ; voilà ma récompense.

LE COMTE.

Dans sa fureur il défie aujourd'hui
Tout Chevalier , qui , s'armant contre lui ,
Voudra prouver ton innocence.
J'ai permis le combat ; nos mœurs m'ont fait la loi.

ADÈLE.

Lorsque l'amour jaloux m'outrage ,
C'est l'orgueil offensé qui redouble sa rage,
Alphonse peu content d'être sûr de ma foi,
Exigea que mon cœur lui promît davantage.
L'amour dépendoit - il de moi ?

LE COMTE.

Ton pere veut te croire, & ne croire que toi.

ADÈLE.

Il le doit.

LE COMTE.

Il doit plus... embrasser ta défense.

ADELE, en se précipitant dans les bras de son pere avec les transports de la plus vive tendresse.
Plutôt vivre sans gloire, & mourir sans vengeance.

Est-ce à vous d'expofer vos jours
  Pour défendre & fauver ma gloire?
Non, non, je ne veux point d'un fi cruel fecours,
  Mes yeux avant votre victoire
  Se feroient fermés pour toujours.

LE COMTE.

Et j'ai pu te croire coupable!
Source éternelle de douleurs!

ADÈLE.

N'ajoutez point, mon pere, au malheur qui m'accable
Le fupplice cruel de voir couler vos pleurs.

LE COMTE.

Que ta tendreffe pour un pere
Parle en faveur de ta vertu!
Que ton aveu noble & fincere
Ranime mon cœur abattu!
Non, le crime, fille chérie,
Jamais n'approcha de ton cœur.
Tu fis le bonheur de ma vie;
Tu dois en faire auffi l'honneur.

(*A lui-même.*)
Voyons Alphonfe; allons.

(*A ADÈLE.*)
         Si fon cœur plus tranquille,
Et fent fon injuftice, & veut la démentir,

Que le vôtre à mes vœux se montre encor docile.
L'innocence aisément pardonne au repentir :

(Il s'éloigne.)

ADÈLE.

J'espere tout du Ciel ; il me doit sa justice.
  (seule.)
O Ciel ! garantis-moi d'un cruel sacrifice.

SCÈNE II.

ADÈLE, RAIMOND, COUCI, CHEVALIERS.

COUCI.

(à ADÈLE.)

Vengeurs de la Vertu, vengeurs de la Beauté,
Nous osons vous offrir nos bras & notre hommage.

RAIMOND.

Ce jour sera fatal à la déloyauté.

ADÈLE.

Mon cœur étoit-il fait pour un pareil outrage ?
Quelle horreur ! quelle cruauté !

COUCI, RAIMOND, LE CHŒUR.

Fiez-vous à votre innocence ;

Fiez-vous

Fiez-vous à notre valeur.
Périsse qui vous offense !
Choisissez parmi nous, choisissez un vengeur.

A D È L E.

Valeureux Chevaliers, dont le zele m'honore,
Plus je sens ce que je vous dois,
Moins je puis, devant vous, oser fixer mon choix,
Et nommer cet appui que mon malheur implore.

LE CHŒUR.

Nous respectons votre desir.
Il faut céder, il faut vous plaire.
Mais hâtez un choix nécessaire.
Heureux qui pourra l'obtenir !

(*Les Chevaliers sortent.*)

SCÈNE III.

ADÈLE, RAIMOND,

RAIMOND.

Non, non, je ne crains point que votre cœur balance
Sur le choix d'un vengeur, quand Raimond y prétend.

A D È L E.

Que peut, pour me servir, tenter votre vaillance ?
Le rang de Chevalier.....

D

RAIMOND.

Je l'obtiendrai ce rang.
Votre aveu qui m'est dû, je l'obtiendrai de même.

ADÈLE.

C'est vainement, Raimond, que votre amour l'attend.

RAIMOND.

O surprise ! ô douleur extrême !
Et je me crus aimé !.. qu'ai-je dit ? pardonnez.

ADÈLE.

Vous connoissez mon cœur, & vous le soupçonnez!
Faut-il donc que pour moi cet aveu vous conduise
Dans un péril affreux que l'amour vous déguise.

RAIMOND.

Me parler du péril, c'est y guider mes pas.

ADÈLE.

Quelle en sera la récompense,
Si vous échappez au trépas ?

RAIMOND.

Mon devoir accompli, la gloire & l'espérance.

ADÈLE.

Ah ! prenez pitié de mon sort.

Cruel ! quelle est donc votre attente ?
Quoi ! vous voulez que je consente
Que vous braviez pour moi la mort !
Au nom de notre amour fidele,
Cessez d'augmenter mes douleurs.
Vivez pour aimer votre Adèle ;
Vivez pour essuyer mes pleurs.

RAIMOND.

Je n'écoute plus rien qu'un courroux légitime.
Que j'aime les périls que mon cœur va braver !
L'Univers vous doit son estime ;
Mon bras doit vous la conserver.
Je vais servir la Vertu même.
Le triomphe n'est point douteux,
Quand on combat encor pour la Beauté qu'on aime,
Et quand on combat sous ses yeux.

ADÈLE.

Eh bien ! je vous remets le soin de me défendre.
Combattez ; vous serez vainqueur.

RAIMOND.

La justice & l'amour sont unis à l'honneur.
Votre gloire en doit tout attendre.

ADÈLE, en sortant.

Puissé-je un jour vous devoir mon bonheur !
D ij

RAIMOND.

Que mon cœur est heureux ! Il a dû vous comprendre.

*(Il va pour entrer par la porte du fond du théâtre,
dans l'Appartement du Comte de Ponthieu, lorf-
qu'il voit ALPHONSE qui s'avance vers celui
d'ADÈLE ; il court aussitôt lui en fermer le passage.)*

SCÈNE IV.

RAIMOND, ALPHONSE, DEUX ÉCUYERS.

RAIMOND.

ARRÊTEZ, arrêtez, perfide Chevalier.
Venez - vous insulter encore à l'innocence ?
Votre aspect pour Adèle est lui seul une offense.
Vous ne sauriez la voir, ni vous justifier,
    Ni vous soustraire à la vengeance.

ALPHONSE.

Eh ! de quel droit, Raimond, ainsi me parles-tu ?

RAIMOMD.

De quel droit ? j'ai causé votre erreur criminelle,
Et le sang dont je sors m'unit avec Adèle.
Rendez aux yeux de tous hommage à sa vertu,

Ou mon bras va s'armer pour elle.
Le rang de Chevalier fut promis à mon zele ;
Je connois ses devoirs sacrés.

ALPHONSE.

Sans doute aussi vous me les apprendrez.

RAIMOND.

Les premiers, les plus saints peut-être,
C'est de chérir la vérité,
D'aimer à la faire connoître,
D'honorer la Vertu, de venger la Beauté.
Vous reconnoissez-vous à ces traits ?

ALPHONSE, *ayant mis vivement la main
sur son épée qu'il tire en partie, & remet ensuite
dans le fourreau.*

      Quelle audace !
Raimond, que tu dois rendre grace
Au rang de Chevalier qui retient mon courroux !
Tu veux venger Adèle, ou du moins la défendre ;
L'honneur est grand pour toi, quand tu braves mes
  coups ;
Mais un motif plus cher te porte à l'entreprendre.

RAIMOND.

Et quand un intérêt plus tendre,
Quand l'amour même animeroit mon cœur ?

ALPHONSE.

Ah ! fi je le croyois !..

RAIMOND.

Eh bien ! j'adore Adèle.
Amant infortuné, mais, malgré mon malheur,
Amant, s'il fe peut, digne d'elle,
J'ai fon aveu du moins pour prendre fa querelle ;
J'ai fon aveu pour être fon vengeur.

ALPHONSE.

Il l'aime !.. il eft aimé.

(Il jette fon gand à RAIMOND qui le releve.)
A fes Écuyers, dont un fort.
Qu'on ouvre la barriere.

RAIMOND , regardant fiérement ALPHONSE.

Des faveurs du Deftin ce n'eft pas la derniere.

ALPHONSE.

Mais deviens Chevalier pour t'armer contre moi.
Si ton Prince, imploré par toi,
Te refufoit un rang qu'il doit à ta vaillance,
Viens, & tu l'obtiendras ; je t'en donne ma foi.

(Il préfente la main à RAIMOND qui la faifit.)
RAIMOND.

Je la reçois.

ALPHONSE.

Ainsi j'assure ma vengeance.

DUO.

APHONSE.

Allons, audacieux Guerrier ;
Préparons-nous ; que le combat commence.

RAIMOND.

Allons, superbe Chevalier ;
Hâtons l'instant cher à notre espérance.

ALPHONSE.

Tremble, frémis de ton danger.

RAIMOND.

Frémissez de le partager.

ALPHONSE, *portant la main sur son épée.*

En te privant de la lumiere,
Bientôt ce fer va régler notre sort.

RAIMOND.

Nous nous verrons dans la carriere ;
J'y conduirai la vengeance & la mort.
(*ALPHONSE s'éloigne, & RAIMOND va pour
entrer dans l'Appartement du Comte de Ponthieu
qui en sort.*)

SCÈNE V.

LE COMTE, RAIMOND.

LE COMTE, voyant ALPHONSE
qui sort.

J'AI donc envain tenté d'éclairer le barbare !
Il me fuit, & déja la lice se prépare !

RAIMOND.

Seigneur, j'aspire au rang que vous m'avez promis ;
Je dois seul venger la Princesse.
Il est tems d'accomplir la flatteuse promesse
Qu'obtinrent mes exploits contre vos ennemis.

LE COMTE.

J'applaudis à votre courage ;
Mais c'est à moi de combattre aujourd'hui.
Mon bras, quoiqu'affoibli par l'âge,
Peut encore à ma fille offrir un digne appui.

RAIMOND.

L'amour qu'elle vous doit, vos Sujets, leur tendresse,
Votre rang, tout s'oppose à ce noble courroux.

LE

LE COMTE.

L'Honneur commande ; il guidera mes coups ;
Il rallume en mon cœur le feu de la jeuneffe.

RAIMOND.

Tant de lauriers honorent votre front !

LE COMTE.

Quels lauriers, s'il me refte à rougir d'un affront !

RAIMOND.

C'eft à moi de venger Adèle ;
Ne réfiftez plus à mes vœux.
Sachez qu'un défi glorieux
M'engage à combattre pour elle.
Laiffez vaincre mes jeunes mains.
Loin d'être mon rival, quand la Gloire m'appelle,
Contentez-vous de fervir fes deffeins,
Et d'être à jamais m on modèle.

LE COMTE, *après quelques momens de réflexion,*
& d'abord à part.

Mais, en bravant aujourd'hui le trépas,
J'expofe un bien plus cher mille fois que ma vie.
Puis-je venger une fille chérie ?
Si l'âge trahiffoit mon bras !
Combattez, cher Raimond ; ma jufte confiance

N'a point à prévoir de regrets.
Mais comment m'acquiter jamais?...

RAIMOND.

Armez mon bras pour la vengeance ;
C'eſt-là le premier des bienfaits.

LE COMTE.

Allez, & que ma Cour ſe rende en ma préſence.
(RAIMOND ſort.)

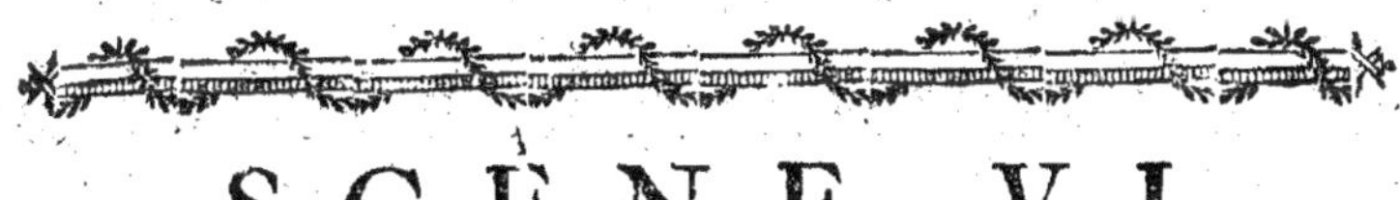

SCÈNE VI.

LE COMTE suivant RAIMOND des yeux jusqu'à ce qu'il soit hors de la Scène.

TOut me dit qu'il sera vainqueur,
Son zèle, ses exploits & son jeune courage.
  Il va punir un odieux outrage,
Consoler ma vieillesse. & finir mon malheur.
Mais si je n'ai formé qu'une vaine espérance !
J'aurai perdu le droit de servir l'innocence ;
Tu gémiras, ma fille, en proie au déshonneur,
  Et je vivrai !.. quels tourmens pour mon cœur !

    Chassons une crainte importune ;
    Attendons encor d'heureux jours.
    Comment redouter la fortune,
    Quand le Ciel nous doit son secours ?
    Doux espoir ! ô flatteuse attente !
    Je touche au moment du combat.
    Bientôt la vertu triomphante
    Va reprendre tout son éclat.

E ij

SCÈNE VII.

LE COMTE, RAIMOND, ADÈLE, COUR DU COMTE, CHEVALIERS ET LEUR SUITE.

(Les Chevaliers qui se sont offerts à venger Adèle sont Robert de France , Comte de Dreux , Bouchard de Créqui , Raoul de Beauveau , Bertrand de la Tour , Alain de Rohan , Jean d'Aumont , Thibaud de Montmorenci , Mathieu de Mouchi , Jean de Brienne , Raimond de Mailli , Enguerrand de Couci , Thibaud de Gouffier. Comme Chevaliers-Bannerets , ils ont , chacun à leur suite , deux Chevaliers , deux Écuyers & deux Pages parés des livrées de leurs Chefs qui occupent avec eux le fond du théâtre & ses côtés , en formant le cadre du tableau , lorsque l'on arme Raimond Chevalier.)

LE *CHŒUR des DAMES*, environnant *ADÈLE.*

QUE ce spectacle vous rassure ;
Adèle , on vous accuse envain :

Nous allons armer la main
Qui doit venger votre injure.

(*Les Dames entourent Raimond , & lui témoi-
gnent leur reconnoissance & leur joie.*)

LE COMTE , *à* RAIMOND, *après avoir pris de
la main d'une Dame l'epée qui doit être remise
au nouveau Chevalier.*

Hâtez-vous, ô jeune Guerrier,
De monter à ce rang que votre cœur envie!
Jurez de consacrer le cours de votre vie
A remplir les devoirs d'un loyal Chevalier.

RAIMOND , *à genoux, & après avoir porté
vivement la main sur l'épée que tient le Comte.*

Je jure de servir ma Patrie & la Terre,
De servir la Beauté , d'être franc, généreux ,
De protéger le malheureux,
De faire au Crime une éternelle guerre.
Ciel vengeur , qu'on ne peut attester vainement,
Ecoute, & reçois mon serment.

(*Le Comte pose trois fois l'épée sur les épaules &
la tête de Raimond, & lui donne l'accolade.
Raimond se relève. Les Dames lui apportent un
éperon doré, & le lui placent au pied droit. Elles*

lui donnent ensuite successivement le casque, l'é-
cu, la lance qu'il remet à ses Écuyers qui res-
tent toujours auprès de lui.)

ADÈLE, ôtant son écharpe, & la donnant à
Raimond qui la reçoit avec transport.

Guerrier intrépide & sensible,
Soyez mon Chevalier, & portez mes couleurs.

RAIMOND, ayant porté l'écharpe sur sa bouche,
& la plaçant sur lui, de l'épaule droite au
côté gauche.

Comment ne pas être invincible,
Quand vous m'avez choisi pour finir vos malheurs?

LE COMTE, donnant l'épée à Adèle qui la remet
à Raimond.

Remettez-lui ce fer.

RAIMOND.

Que le crime frémisse.
Ce fer sera votre vengeur.

LE COMTE, à ADÈLE.

C'est le glaive de la Justice,
Remis aux mains de la Valeur.

RAIMOND.

Je fens redoubler ma vaillance.
Tyrans, Oppreffeurs, tremblez tous.
On va reconnoître à mes coups,
Et la juftice, & la vengeance.
Je fuis Chevalier & François ;
La gloire fera mon partage ;
Et mon œil charmé n'envifage
Que des périls & des fuccès.

LE COMTE, à *RAIMOND*.

Rien ne s'oppofe plus à votre impatience.

RAIMOND, à *ADÈLE*.

Allons, en triomphant, confoler l'Innocence.

LE CHŒUR.

Volez à la voix de l'Honneur ;
Venez, couronné par la Gloire,
Recevoir après la victoire
Un prix plus doux pour votre cœur.
Le Guerrier revenu vainqueur,
Eft charmant aux yeux d'une Belle ;
Son triomphe fe renouvelle
Dans le fein même du bonheur.

(*Pendant le Chœur, Raimond s'avance auprès de la Princesse, s'incline devant elle, & reprend son écu, son casque & sa lance. La principale Dame le prend par la main, &, avec toute la Cour, le conduit vers la lice.*

FIN DU SECOND ACTE.

ACTE TROISIEME.

Le théâtre représente, sur le devant, un bois. Plus loin, & dans le milieu, est une lice entourée de barrières, & terminée par une grande tente. Aux deux côtés sont des gradins décorés de riches tapis. Le fond du théâtre est un côteau. On place des Officiers des lices aux entrées de la lice qu'ils ferment après que des Ècuyers, précédés d'un Héraut d'Armes, y ont placé des lances ornées des livrées des deux Combattans, & celles des Chevaliers qui ont offert de combattre, ainsi que leurs écus. Sur le devant de la lice est, pour ADÈLE, un gradin appuyé contre une petite tente.

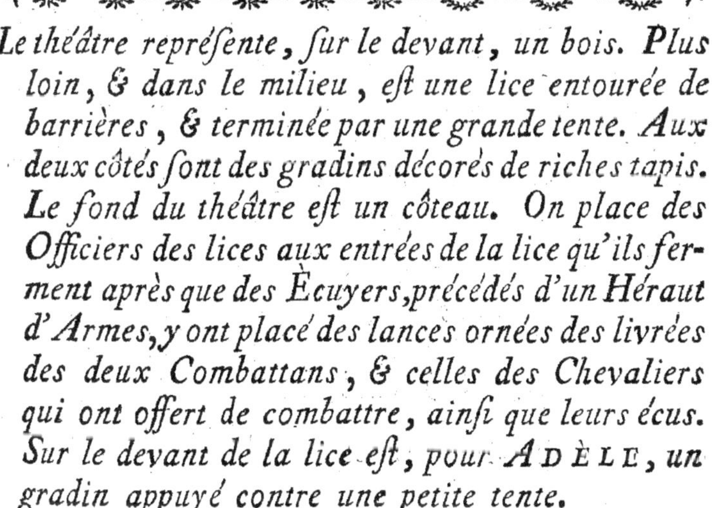

SCÉNE PREMIERE.
ADÈLE, DAMES D'ADÈLE.

(ADÈLE, sortant de sa tente, s'approche de la lice; les Sentinelles font un mouvement en avant pour arrêter ses pas. Elle jette un regard douloureux sur la lance de RAIMOND.

ADÈLE.

TRISTE & funeste incertitude,　　　F

Que vous me caufez de tourmens !
Tout, dans ces malheureux momens,
Redouble mon inquiétude.

Cruels apprêts ! Terribles lieux !
Quel fang va couler à mes yeux !
O douleur ! Si Raimond remporte la victoire,
Je n'ofe efpérer d'être à lui :
S'il eft vaincu, je perds tout aujourd'hui ;
Je perds mon amant, & ma gloire.

SCÈNE II.

ADÈLE, LE COMTE, DAMES D'ADÈLE.

LE COMTE.

CHÈRE Adèle, joignons notre efpoir & nos vœux.
Va ; tes vertus, ma fille, auront leur récompenfe.
Le Ciel fecondera le mortel généreux
Qui t'a juré de venger ton offenfe.

ADÈLE.

Ciel ! mon cœur t'eft connu ; veille pour ma défenfe !

SCÈNE III.

ADÈLE, LE COMTE, COUCI, DAMES
D'ADÈLE.

COUCI.

LES Combattans sont prêts; Seigneur, on n'attend
plus
Que vos ordres précis, vos ordres absolus,
     Pour les conduire dans la lice.

LE COMTE.

     Puissant Arbitre des humains,
     Laisse, laisse agir ta justice;
     Entends nos vœux, sois-nous propice.
L'Innocence vers toi leve ses foibles mains.

Mais c'est trop, cher Couci, différer ma réponse.
Fais hâter le combat, & que le Ciel prononce.

(*Couci sort.*)

F ij

SCÈNE IV.

ADÈLE, LE COMTE, DAMES D'ADÈLE.

ADÈLE, à son pere, avec inquiétude.

Quelle sombre douleur vos yeux me laiſſent voir !

LE COMTE.

Livrons notre ame à l'eſpérance
Qui devient pour nous un devoir.
Mais que n'eſt-il paſſé l'inſtant de ta vengeance !

ADÈLE, avec plus de trouble.

Ah ! Ces funeſtes mots réveillent ma terreur.
Vous craignez pour mon défenſeur !
Je ne le verrois plus qu'à ſon heure derniere ,
Et mourant ſous la main d'un coupable vainqueur !
Que vois-je ?.. le fer brille !.. il a percé ſon cœur !
Son ſang a rougi la carrière !
(Dans le plus grand déſordre.)
O mon amant ! tu meurs, & je n'expire pas !

LE COMTE.

Ton amant !

ADÈLE.

Qu'ai-je dit ? hélas !

(Avec force.)

Oui, j'adorois Raimond, quand votre ordre suprême,
Malgré mes vœux secrets, malgré ma peine extrême,
    Disposa de ma main.
Je voulus étouffer cet amour dans mon sein ;
    Mais qu'on est foible quand on aime !
    Que j'ai vainement combattu !
Comment vaincre un amour qu'a produit la vertu ?

LE COMTE.

    Jette - toi dans le sein d'un pere.

(Il repousse la Princesse qui vient dans ses bras.)

Non, non, je suis indigne, & du jour, & de toi.
Le nom de pere, ô Ciel ! n'est donc plus fait pour moi !
    J'en ai trahi le sacré caractère.

    Tremblez, tremblez, peres cruels !
    Voyez des regrets éternels
    Dans l'abus de votre puissance.
    Le plus affreux des châtimens,
    C'est le malheur de nos enfans,
Quand il n'est du qu'à leur obéissance.

    Mais ton cœur ne put-il s'ouvrir,
Lorsque je t'arrachai ta fatale promesse ?
    Pourquoi me cacher ta tendresse ?

ADÈLE.

Vous commandiez, mon pere, & je dus obéir.

D u o.

LE COMTE.

Lance ta foudre fur ma tête ;
O Ciel ! punis ma cruauté !

ADÈLE.

Arrête ! jufte Ciel, arrête !
Mon cœur réclame ta bonté.

LE COMTE.

Quoi ! tu veux qu'un pere coupable
Traîne une vie infupportable,
Si le Sort t'opprime aujourd'hui !

ADÈLE.

Si le Sort injufte m'opprime,
Songez que fa trifte victime
Doit trouver en vous un appui.

LE COMTE.

Moi ! ton appui !

ADÈLE.

Vous que j'implore.

LE COMTE.

Puis-je vivre quand je m'abhorre,
Moi qui tyrannisai ton cœur?

ADÈLE.

Dois-je m'en souvenir encore,
Quand vous pleurez sur mon malheur?

LE COMTE.

Que je te plains! que tu m'ès chere!

ADÈLE.

Que je vous aime, & vous révère!

ENSEMBLE.

Sort cruel! Est-ce donc sur nous,

LE COMTE.

Sur une fille si tendre,

ADÈLE.

Sur le père le plus tendre,

ENSEMBLE.

Que devoit tomber, & s'étendre
Ton fatal courroux?

(*On entend la Marche annonçant les Combattans
qui s'avancent, ainsi que leur Cortége, sur le
théâtre. Le Comte, Adèle & ses Dames se placent sur le gradin qui est en avant de la lice.*)

SCÈNE V.

LE COMTE, ADÈLE, DAMES D'ADÈLE, ALPHONSE, RAIMOND, JUGES DU CAMP, CHEVALIERS, ÈCUYERS, PAGES, ROI-D'AR-MES, HÉRAUTS, OFFICIERS DES LICES, MÉNÉTRIERS.

MARCHE.

Huit Officiers des lices ouvrent cette Marche, & font suivis de huit Ménétriers jouant de leurs instrumens, de quatre Ècuyers & deux Pages des deux Combattans, du Roi-d'armes, des Hérauts, des Juges, des Combattans conduits par deux Chevaliers parrains, des Chevaliers qui se font présentés pour combattre, de leurs Ècuyers, de leurs Pages, & de tous les autres Officiers des lices.

Les quatre Ècuyers des Combattans portent une épée nue, ou une hache d'armes.

L'écu d'Alphonse est peint du blason de sa Maison. L'écu de Raimond est blanc.

Les Juges, suivis des Combattans, s'arrêtent sur le devant de la Scène. Le Roi-d'armes & les Hérauts font derrière eux, sans cacher l'entrée de la lice.

UN *JUGE*, à ALPHONSE.

AVant d'entrer dans la carrière,
Songez que le Ciel attesté

Arme

Arme fa juftice févère
En faveur de la vérité.

ALPHONSE.

Hérauts, qu'on ouvre la lice ;
Et vous, Juges de l'Honneur,
Garantiffez la Valeur
Des piéges de l'Artifice.

LES JUGES, & le CHŒUR.

Annoncez le combat ; éclatez jufqu'aux Cieux ,
Eclatez, bruiante trompette.
Que l'écho s'anime & répéte
Vos fons brillans & belliqueux.

(*Au début de ce Chœur les barrières s'ouvrent.*)

MARCHE.

G

SCÈNE VI.

LES ACTEURS PRÉCÉDENS.

COUR DU COMTE, PEUPLE.

Tout le Cortége se met en mouvement sur la marche, & traverse la lice avec les Combattans.

La premiere division des Officiers des lices va se placer derrière la tente & les siéges destinés aux Juges.

Les Chevaliers qui se sont présentés pour venger Adèle, sont à la droite & à la gauche des Juges, & seuls assis comme eux.

Les Chevaliers suivans, les Écuyers & les Pages sont derrière ces Chevaliers.

Le Roi-d'armes & les Hérauts sont auprès des Juges, mais un peu en avant, & un peu plus bas.

Les Ménétriers sont à la droite & à la gauche contre la partie supérieure des gradins des côtés.

Les deux Écuyers de chaque Combattant, sont aux angles extérieurs de la partie supérieure de la lice.

L'autre Division des Officiers des lices se range sur les côtés des barrières, en dehors, & au-dessous des gradins sur lesquels sont les Dames de la Cour, & des Chevaliers & Écuyers debout derrière elles.

Le Peuple garnit le côteau.

LES *JUGES, aux deux Combattans qui sont à*
genoux devant eux.

CÉdez au feu qui vous anime.
Le Ciel va découvrir
L'innocence & le crime.
Allez vaincre, ou périr.

(Alphonse & Raimond précédés du Roi-d'armes
& des Hérauts, & accompagnés des Chevaliers-
parrains, entrent dans la lice. Le Roi-d'armes,
les Hérauts vont ensuite reprendre leurs places,
& les Chevaliers - parrains se rangent près des
Écuyers des Combattans. Les Officiers des li-
ces ferment les barrières. Tous ces divers mou-
vemens s'exécutent pendant les deux Chœurs
suivans.)

LE *CHŒUR* DES *HOMMES.*

Frappez, & que le coupable
Sous le fer impitoyable
Gémisse, & soit abattu.

LE *CHŒUR* DES *DAMES.*

Raimond, que ta confiance
Soit égale à ta vaillance.

Combats ; venge la vertu.

(Le Roi-d'armes impoſe ſilence en élevant ſa main.
de Juſtice. On n'entend plus qu'un roulement de
timbales.)

(Alphonſe & Raimond ſe donnent auſſitôt la main,
s'embraſſent, & combattent avec la hache.)

(Raimond, frappé ſur la tête, chancelle un mo-
ment, & laiſſe tomber ſa hache.)

(Adèle tombe évanouie dans les bras de ſon pere.)

LE *CHŒUR des DAMES.*

O malheur effroyable !
O moment redoutable ?

(Le Roi-d'armes s'avance, & impoſe ſilence pour
la ſeconde fois.)

(Raimond & Alphonſe combattent alors avec l'é-
pée, après avoir jetté au loin leur bouclier.)

(Raimond bleſſe Alphonſe qui tombe, ſe reléve, &
retombe mort.)

LE *CHŒUR.*

Quel inſtant ! quel bonheur pour nous!
Chantons cette juſte victoire.
Chantons à l'envi, chantons tous
Le vainqueur, Adèle, & leur gloire.

(Pendant ce Chœur, les Officiers des lices enlévent
le corps d'Alphonſe, & le portent ſous la tente
des Juges.)

A D È L E, *revenant de son évanouissement.*

Qu'entends-je ?

L E COMTE, *tenant sa fille dans ses bras.*

Bannis ta frayeur.

Raimond est digne de te plaire ;

Raimond est vainqueur.

A D È L E, *avec transport.*

Ah ! mon pere !..

L E COMTE, *lui montrant Raimond qui s'approche, & remet son épée dans le fourreau.*

Regarde, & chéris ton vengeur.

(*On emporte le corps d'Alphonse hors de la Scène, & on enléve les barrières.*)

Nota. S'il y avoit eu plus de facilité pour conduire des chevaux sur la Scène, si le théâtre avoit plus de largeur, Alphonse & Raimond, avant de combattre à pied, auroient combattu à la lance. Le théâtre de Versailles pourroit seul permettre cette partie d'action qui, en rappellant la vérité, ajouteroit infiniment à la beauté du Spectacle. Si cet Opera étoit offert sur ce théâtre, où seulement il pourroit être rendu avec la magnificence qu'il exige, le Divertissement de la fin seroit précédé d'un Tournoi, & le Chevalier le plus souvent vainqueur dans les Joûtes différentes, seroit couronné par la Princesse avec les Cérémonies usitées.

SCÈNE VII.

LE COMTE, ADÈLE, DAMES D'ADÈLE, RAI-
MOND, COUR DU COMTE, JUGES DU CAMP,
CHEVALIERS, ÉCUYERS, PAGES, ROI-
D'ARMES, HÉRAUTS, OFFICIERS DES LICES,
MÉNÉTRIERS, PEUPLE.

RAIMOND, à ADÈLE.

LE Ciel a prononcé ; le Ciel vous justifie.
Il a conduit le bras qui servoit son courroux.
    Il a dû veiller sur ma vie,
    Lorsque j'ai combattu pour vous.

LE COMTE, *prenant les mains d'Adèle & de Raimond.*

Aimez-vous à jamais de l'amour le plus tendre.

RAIMOND.

Je pourrois être heureux !

LE COMTE.

                        Oui, ma fille est le prix
De l'amant adoré qui vient de me la rendre.
Que j'embrasse à-la-fois son vengeur & mon fils.
    (*Il embrasse Raimond.*)

RAIMOND.

Croirai-je à mon bonheur ? parlez, charmante Adèle.

ADÈLE:

Oui, les vœux d'un amour ſi tendre, ſi fidèle,
  Enfin, Raimond, ſont accomplis.

RAIMOND, *avec tranſport.*

Ah ! que ne vois-je ici mon pere !

Le *COMTE.*

Ce jour me réunit avec lui pour jamais,
Et je vais réparer les torts de ma colère.
Le moment du bonheur eſt celui des bienfaits.

Trio, *ou* Finale.

Le *COMTE.*

Chaſſez de funeſtes alarmes ;
Goutez le prix d'un ſi beau jour.

ADÈLE, RAIMOND.

Chaſſons de funeſtes alarmes ;
Goutons le prix d'un ſi beau jour.

Le *COMTE, ADÈLE, RAIMOND.*

L'Hymen vient eſſuyer les larmes
Qu'on a vu répandre à l'Amour.

ENSEMBLE & le CHŒUR.

Que l'Hymen & l'Amour enſemble
Offrent un ſpectacle enchanteur !
Le doux lien qui les raſſemble
Eſt reſſerré par le bonheur.

LE COMTE & le CHŒUR.

On aime à voir la Jeuneſſe,
Quand une pure tendreſſe
La comble de ſes douceurs,
Comme la jeune verdure
Qui promet à la Nature
Un tribut charmant de fleurs.

LE COMTE, ADÉLE, RAIMOND,
LE CHŒUR.

Que l'Hymen & l'Amour enſemble
Offrent un ſpectacle enchanteur !
Le doux lien qui les raſſemble
Eſt reſſerré par le bonheur.

SCÈNE

SCÈNE DERNIERE.

LES MÊMES PERSONNAGES,
TROUBADOURS & JONGLEURS
DES DEUX SEXES.

(Les Dames préfentent à RAIMOND *une couronne de laurier, & des écharpes, ou des rubans dont elles fe dépouillent. Elles vont fe joindre enfuite aux Chevaliers pour rendre hommage à la Princeffe.)*

UN *TROUBADOUR* & LE *CHŒUR.*

(à RAIMOND.)

Agréez un doux préfage,
Jeune & fortuné vainqueur,
Quand votre ame fe partage
Entre l'amour & l'honneur.

Tour à tour charmant & terrible,
Vous verrez couronner vos vœux.
L'Amant fera toujours heureux ;
Le Guerrier toujours invincible.

(Entrée de TROUBADOURS *couronnés de plumes de Paon.)*

UN *TROUBADOUR.*

Quand l'Hymen unit deux amans,
Combien fa chaîne doit leur plaire !

H

Ils peuvent s'aimer sans myſtere,
Et ſe donner tous leurs momens.
Les biens que l'Amour fait éclore
Naiſſent ſans trouble dans leur cœur;
Chaque jour la riante Aurore
Réveille avec eux le bonheur.

(*Entrée de JONGLEURS.*)

RAIMOND & LE CHŒUR.

Volons   volons
     dans les dangers;   à la victoire.
Volez   volez
     donnons
Mais   à l'amour des ſoins plus aſſidus.
     donnez

L'amour eſt le prix de la gloire;
L'amour eſt l'appui des vertus.

(*Divertiſſement général.*)

FIN.

APPROBATION.

J'Ai lu, par ordre de Monſeigneur le Chancelier, ADELE DE PONTHIEU, Tragédie-Lyrique: & je crois qu'on peut en permettre l'impreſſion. A Paris, ce 23 Octobre 1781.

                     LE BRET.